RECUEIL

DE

POÉSIES RELIGIEUSES

PAR

Irma Fauvergenne

L'EGLISE ET LA FRANCE.

A chaque nation Dieu remet en partage
Un talent, legs divin; mais au fidèle usage
Que chacun en sait faire est attaché son sort,
Elle tient, en ses mains, ou sa vie ou sa mort.
Lorsque le Roi des Francs, le rude et fier Sicambre,
Triomphant sur le Rhin, vint, des bords de la Sambre,
Humble, se prosterner aux pieds de Saint Remi
Consacrer, au Seigneur, son royaume avec lui;
Quand sur son front coulait l'eau régénératrice
Dieu le Père acceptait ce libre sacrifice.
Et, dès lors à la France il confiait l'honneur
De défendre, ici-bas, l'Epouse du Sauveur.
A ce noble devoir reste-t-elle fidèle,
Toujours on voit marcher la victoire avec elle;
Son grand nom respecté, craint dans tout l'univers
Ose dicter des lois jusqu'au fond des déserts.
Mais si la Fille aînée, oubliant qu'à l'Eglise
Sa maîtresse et sa Mère, elle se doit soumise,
Refuse de prêter son bras et son secours
La face du Seigneur se détourne toujours.
Alors, tombant soudain au profond de l'abîme
De ses fiers ennemis elle devient victime.
On croirait, tant est grand le torrent de ses maux,
Que Dieu, pour la punir, verse tous ses fléaux.

Ⓒ

Pourquoi donc les enfants de cette Germanie,
Que Clovis repoussa loin de notre patrie,
Osent-ils, aujourd'hui, fouler son sol sacré
Promenant en vainqueurs, leur drapeau détesté?
Pourquoi du Sud au Nord, la France agonisante
Jetant, sur l'avenir, un regard d'épouvante?
Pourquoi, de tous côtés, ruines et débris?
Et ce fleuve de feu qui dévore Paris?
Et cette mer de sang qui monte sans l'atteindre?
Et cette hydre, aux cent bras, s'enlaçant pour l'étreindre
D'un cercle grandissant de palais embrasés?
D'où viennent ces horreurs? Ah! pourquoi! Regardez!
Voyez-vous ces bandits forçant la Ville sainte
Ecumants de fureur se ruer dans l'enceinte?
Voyez-vous ce Vieillard au front majestueux,
Qui commande à la terre et qui demande aux cieux,
Abandonné de tous et livré sans défense,
Aux ignobles fureurs d'une foule en démence?
Entendez-vous, au loin, rugir ces cris de mort
Excités par l'Enfer dans un suprême effort?
Ce Vieillard c'est Pie IX! c'est le Roi! c'est le Pape!
La Révolution fait sa dernière étape.
On lui laisse la place, et, de son Roi larron,
Un jour, elle saura se rire à sa façon,
Le servant aujourd'hui, la chose est nécessaire
Comme, jadis aussi le servait son bon père.
« Faites vite! » avait dit un puissant Empereur
Et, fort de cet avis, le Monarque voleur,
Vite en effet mettait sur les biens de l'Eglise
Une main sacrilége; et, d'une voix soumise,
Il osait protester de tout son dévouement,
Et, de l'autre lambeau, se porter le garant.
Mais la secte, à présent, veut le conduire à Rome,
La route en reste libre, et le Roi galant-homme,
Lâche et trop vile jouet de lâches scélérats,
Les aide à consommer leurs sombres attentats.

A ce terrible instant, la France où donc est-elle?
Celle à qui Dieu remit la céleste tutelle.
La France a déserté, reniant son honneur,
Et ses siècles de gloire et le legs du Seigneur!
La grande nation des Francs a laissé prendre
Ce qu'elle avait donné sans oser le défendre!
Prétextant une guerre et nombreux embarras
Il faut, pour triompher, quatre mille soldats!
Ceux-là qu'elle ravit à leur poste de gloire
Sauront, sans aucun doute, assurer sa victoire....
Mais déjà le Seigneur a prononcé l'arrêt :
A l'heure où, sombre et fier, le navire français
Au port de Civita lève l'ancre et s'apprête
L'écho de Reischoffen sonnait notre défaite.
Et nous avons marché de revers en revers,
Et bientôt le Teuton nous a rivé nos fers.
A chaque insulte à Rome, à chaque ignominie
La France a répondu par un cri d'agonie.
Hélas! et sur ses yeux, pèse un bandeau fatal
Car elle méconnaît la cause de son mal.
A d'impuissantes lois, demandant le remède,
Sans guérir ses douleurs, l'une à l'autre succède.
Le remède, il est là!... Quand sur son trône assis,
Nous pourrons contempler le Vicaire du Christ;
Quand sa puissante voix pourra se faire entendre
Pour aller réveiller tant de morts de leur cendre;
Quand le saint Nom de Dieu publiquement béni
Ne verra plus tomber le blasphème sur lui;
Quand sera muselée une Presse maudite
Dont le subtil poison s'inocule si vite :
Notre Patrie alors, sortant de son linceul,
Pourra se dépouiller de son manteau de deuil;
Et la grande vaincue heureuse et triomphante
Saura se délivrer du joug qui la tourmente.
. Jusques-là, croyez-le, vos efforts seront vains
Car Dieu, faibles mortels, se rit de vos desseins.

MENTANA.

Quelle corde puissante il touche dans notre âme
Comme il la fait vibrer, l'électrise et l'enflamme
Ce nom hier encore en tous lieux ignoré !
D'où vient qu'en le disant ma parole est émue ?
D'où vient qu'en le lisant des pleurs troublent ma vue ?
        Mentana nom sacré !

Ah ! c'est que tu redis une sublime histoire !
Et, pour un cœur chrétien, c'est un hymne de gloire,
Un cantique d'amour que ton nom cher et doux !
Vous qui croyez déjà que l'Eglise chancelle,
Ce nom vous apprendra ce que l'on fait pour elle,
        Venez ; écoutez tous.

L'impie a déployé sa farouche bannière
Et sa horde sauvage envahit la frontière
Poussant un cri de mort pour le Pontife-Roi ;
Mais, dans le monde entier, un autre cri résonne :
« On attaque Pie IX, défendons sa couronne
        « Mourons pour notre foi ! »

Et voici, tout-à-coup, que des deux hémisphères,
Surgit un noble essaim de jeunes volontaires,
« A Rome ! » disent-ils, dans leur pieux élan.
Et, quittant aussitôt parents, amis, patrie,
Au Vicaire du Christ, ils vont porter leur vie
        Ils vont offrir leur sang.

Ils ont atteint les murs de la Ville éternelle
Et les voici, puisant une valeur nouvelle
Aux pieds du grand Pontife objet de leur amour.
Et, sur leurs nobles fronts, brille une paix profonde
Quand la main qui bénit et la Ville et le Monde
        Les bénit à leur tour !

Comme ils se lèvent fiers ; et, dans leur sainte audace,
Des suppôts de l'enfer, méprisant la menace,
L'éclair de leurs regards défiant l'ennemi,
Ils s'élancent joyeux, poussant leur cri de guerre :
Leur mot de ralliement est : Vive le Saint-Père !
        Mort à Garibaldi !

Doux Pontife, ah ! priez, voici la délivrance,
Votre petite armée et l'appui de la France
Ont affranchi l'Eglise et chassé l'oppresseur.
Vos généreux soldats se sont couverts de gloire
Les champs de Mentana sont un champ de victoire
        Son nom, un nom d'honneur !

Ils n'étaient qu'un pour dix ! mais aussi quel courage
Vos valeureux enfants opposaient à la rage
De la Révolution, de son digne héros ;
Votre nom à la bouche, au cœur une prière,
Ils vengeaient à la fois et l'Eglise leur Mère
        Et Castelfidardo !

Sentez-vous ce que vaut le bras des mercenaires ;
O généreux amis, révolutionnaires,
Vous qui les poursuiviez de vos dérisions ?
Voyez-vous fuir au loin ce héros d'Aspromonte
S'estimant trop heureux d'aller cacher sa honte,
        Ses proclamations.

Gloire à vous, survivants de la grande journée,
Recevez notre hommage, ô phalange sacrée,
Du plus antique trône, illustres défenseurs,
Le Monde est étonné, l'Eglise vous admire
Et Pie IX attendri vous attend pour vous dire
        Tout l'amour de son cœur.

Mais gloire, honneur, surtout à ceux qui de leur vie,
Ont payé leur amour à la grande Patrie ;

Combattant en héros, ils sont morts en chrétiens.
Du Vicaire du Christ affirmant la puissance,
Le Christ avec amour leur donne en récompense
La couronne des saints !

LE CHRIST AIME LES FRANCS.

Quand son père voulut régler son héritage,
Le Christ comparut demandant, en partage
Pour les Francs, qu'il aimait, ce fortuné pays,
Dans ce vaste univers, véritable oasis.
Terre privilégiée, admirable et féconde,
Jouissant du climat le plus heureux du monde ;
Où le brûlant soleil tempère ses ardeurs,
Où la rosée étend ses fertiles sueurs
Pour émailler de fleurs le tapis des prairies ;
Où la brise, courant dans les tiges jaunies,
Fait resplendir, aux yeux, tout l'or de ses moissons.
Car la nature, ailleurs, avare de ses dons,
Transforme en Paradis ce pays admirable
Mariant, en tous lieux, l'utile à l'agréable,
Bois, ravissants ruisseaux, fleuves majestueux,
Montagnes et vallons, tout vient charmer les yeux.
Au Continent soudé, l'Océan, de son onde,
Vient caresser ses pieds, et la route du monde
Est ouverte partout à son activité
Afin que tout concoure à sa félicité
Et que le peuple heureux dont il est l'apanage,
D'un prévoyant amour, trouve le témoignage.
Voilà ce que le Christ, auguste Ami des Francs,
A demandé pour eux dès l'aurore des temps.

Le Christ aime les Francs ! Parcourons leur histoire.
Il les comble d'honneur, les abreuve de gloire.
La grande Nation, à tout donne l'essor ;
D'elle semble jaillir le bien sans nul effort.
Ses admirables lois proclament sa sagesse ;
De nombreux monuments attestent sa richesse ;
Sa science est connue au loin dans l'univers ;
Ses apôtres, partout ont traversé les mers,
Allant planter la croix sur les rives lointaines ;
Par sa vaillante épée elle étend ses domaines,
Et seule, par milliers, peut compter dans son sein
Les héros de la terre et ceux du culte saint.
Le Christ aime les Francs ! Au jour de la détresse
De leur Ami divin ils sentent la tendresse ;
Bouvines, Tolbiac, et tant d'autres encor
Ont vu naître la gloire où menaçait la mort.
Et, quand l'homme abattu redoute les obstacles,
Alors l'Auguste Ami sait faire des miracles
Il parle, et nous voyons l'humble Fille des champs
Accourir et chasser les Anglais d'Orléans ;
Au Nom de Jésus-Christ inscrit sur sa bannière
Jeanne sait délivrer la France tout entière.
Le Christ aime les Francs ! Il écarte avec soin,
De son Peuple chéri, le funeste venin
Que répandent partout le schisme, l'hérésie.
Constante dans sa Foi, notre belle Patrie
Fut, malgré les erreurs, catholique toujours.
Au moment de sombrer, dans ces terribles jours
Où l'on vit s'écrouler ses autels et son trône,
Un homme s'élançait, et, rapide cyclone,
Foudroyait, à son tour, ces lâches oppresseurs
Et des temples chassait tous les profanateurs.
Parfois, à ses amis, plongés dans la misère,
Le Christ a délégué sa très-puissante Mère,
La Dame de son Cœur, pour consoler, guérir,
Promettre le pardon à l'humble repentir.

Le Christ aime les Francs ! et, pour nouvelle preuve,
Comme un gage d'amour, au moment de l'épreuve
Il leur montre son Cœur, cet Asile sacré
Si doux au cœur aimant, si bon à l'affligé ;
De tous les biens du Ciel, source pure et féconde,
Et ce n'est que par eux qu'il se révèle au monde.

Le Christ aime les Francs ! Mais les Francs, à leur tour,
Comment répondent-ils à ce brûlant amour ?
Ah ! de nos jours, surtout, ils se font une étude
D'abreuver ce doux Cœur de leur ingratitude !
Tous ses Temples déserts, son saint Nom blasphémé,
Son Eglise pleurant son Chef abandonné
Aux honteuses fureurs d'une horde sauvage,
De son peuple choisi, n'est-ce pas là l'ouvrage !
D'une main il le frappe espérant le guérir,
Mais l'autre est étendue, attendant pour bénir
Que nous courbions nos fronts, implorant sa clémence.
Ah ! tombons à genoux et prions pour la France !
Que de l'Est au Midi, du Couchant jusqu'au Nord,
Tous nos cœurs réunis dans un sublime essor
Fassent au Sacré Cœur une amende honorable.
Afin d'en conserver un souvenir durable
Pour l'écrire, employons la pierre et le ciseau.
Aux siècles reculés ce monument nouveau
Dira le repentir et le vœu de la France
Et du Cœur de Jésus la bonté, la clémence.

LA GOUTTE D'EAU.

Tantôt rubis, tantôt saphir,
Petite goutte d'eau tremblante,
Tu nous apparaîs rayonnante

Et sembles naître pour mourir.
Ton existence, d'un sourire,
A toute la rapidité,
Te mêlant au fleuve argenté
Tu glisses vers l'immensité
Où son onde va te conduire.

Sur le rocher du vieux Castel
Une autre aussitôt te remplace,
Comme celle qui t'a fait place,
Brillant des feux de l'arc-en-ciel.
Un instant on croit qu'elle hésite
Entre la tombe et le berceau ;
Un son plaintif effleure l'eau :
Elle fuit, atome nouveau,
Vers un Océan sans limite.

Semblable à toi l'homme, à son tour,
Un moment paraît sur la terre,
Et, de son bonheur éphémère,
Il croit pouvoir jouir un jour.
Mais la nuit succède à l'aurore
Avec tant de rapidité
Qu'il tombe dans l'Eternité,
Par ce tourbillon emporté,
Se croyant au matin encore.

Laissant à peine un souvenir,
Sa poussière va se confondre
Avec celle où viendront se fondre
Les poussières de l'avenir.
Devant les siècles qui s'écoulent
Est-il plus que la goutte d'eau
Qui disparaît dans le ruisseau
Lui qui glisse dans le tombeau
Où les pieds des vivants le foulent.

Mais que j'aime à t'apercevoir,
Belle de sainte poésie,
Petite goutte d'eau bénie,
Divin rayon rempli d'espoir,
Tombant sur le front de l'enfance
Où, du stigmate originel,
Tu formes le signe immortel
Qui pare l'héritier du Ciel
De la grâce de l'innocence.

Son nom écrit en lettres d'or
Sur le grand livre de la vie
Est répété dans la Patrie
Où l'ange, à Dieu, le dit encor.
Dès lors à chaque circonstance
Marquant la course du chrétien
Semblant unir ton souffle au sien.
Timide et gracieux soutien,
Nous retrouvons ton existence.

Jusques au fond du bénitier,
O vigilante sentinelle,
En pénétrant dans la chapelle,
Mon doigt aime à t'aller chercher.
Lorsque je te sens fraîche et pure,
Lentement perler sur mon front,
J'aspire un parfum d'oraison.
On croirait que de Dieu, le nom,
Par toi s'exhale en doux murmure.

Auprès de notre lit de mort,
Humble et religieux symbole,
Ta douce présence console
En faisant souvenir du port.
Goutte d'eau, suave prière
S'échappant du rameau bénit,
Tu parais au cœur attendri

Placée ainsi, lien chéri,
Entre ton Ciel et notre Terre.

Ah! sur le cadavre glacé,[1]
Tombe doux rayon d'espérance.
Fais-nous oublier la souffrance
En nous montrant l'Eternité.
Triste comme une sainte larme
De l'Eglise pour son enfant.
Tu compâtis en consolant;
Du pur amour gage touchant
A la douleur tu rends un charme.

BONTÉ DE DIEU.

Petit enfant, dans ton âme si pure,
Se réfléchit le doux azur du ciel;
Veux-tu toujours la garder sans souillure
Et, pure, un jour, la rendre à l'Eternel,
Que ton regard cherche loin de la terre
Le bras ami qui soutient et défend;
Appelle Dieu car lui seul est ton Père.
       Petit enfant.

Jeune chrétien dont la vie innocente
Semble un mystère aux pécheurs, ici-bas,
N'oubliez pas la prière fervente
Ce saint flambeau qui dirige nos pas.
Puisez la force aux sources de la vie,
Montrez à tous votre auguste soutien,
Oui, cherchez Dieu dans son Eucharistie.
       Jeune chrétien.

Pauvre pécheur le cœur rempli de crainte
Vous redoutez le courroux du Seigneur ;
Oh ! lavez-vous dans la piscine sainte
Votre âme alors reverra sa blancheur.
Ne tremblez plus, Jésus, dans sa clémence,
Vous tend les bras, jetez-vous y sans peur ;
Bénissez Dieu, publiez sa puissance,
   Pauvre pécheur.

Cœur affligé qui console ta peine ?
Qui vient sécher les larmes de nos yeux ?
Pourquoi ces cris de détresse suprême
Vont-ils frapper à la porte des cieux ?
Ah ! tu le sais, tout ce qui souffre et pleure
Trouve un secours dans l'auguste bonté.
Aime le Dieu qui soulage à toute heure,
   Cœur affligé.

LA PAROLE DU CHRIST.

« Seigneur, ayez pitié de ma souffrance amère,
« Vous, dont le bras puissant daigna rendre, naguère,
« Aux larmes d'une veuve un enfant bien-aimé !
« Dans les sentiers perdus mon fils s'est égaré,
« Et, séduit par les fleurs qui lui cachaient l'abîme,
« De leurs trompeurs attraits, il est tombé victime.
« Oh ! vous me le rendrez ! j'espère en vous, Seigneur ! »
C'est ainsi qu'une mère épanchait sa douleur
Arrosant de ses pleurs un crucifix d'ivoire.
Hélas ! et son calice était amer à boire
Car son fils envolé loin du nid maternel,
Insouciant, jouait son salut éternel

Pour suivre follement la voix de la jeunesse
Qui lui chantait, au cœur, sa séduisante ivresse.
Et, de la triste veuve, les sombres, les longs jours
Se passaient à gémir, à l'attendre toujours.
Le soir elle abimait, dans la douleur immense,
Du Dieu crucifié, sa pénible souffrance,
Elevant vers Jésus un regard suppliant
Pour hâter le retour de son unique enfant.
Puis, dans les profondeurs de son âme anxieuse,
Il lui semblait ouïr la voix mystérieuse
Disant : « Pourquoi douter? femme de peu de foi ;
« Oui, ce fils tant pleuré doit revenir vers toi. »
Mais le temps fuit, hélas ! et la mère affligée
Ne voit pas, au bercail, la brebis égarée.
Un jour, prise soudain d'un délire fatal,
Elle accuse le Christ de prolonger son mal ;
D'une brûlante main prenant la sainte image
L'arrache de l'alcôve et la chasse avec rage.
Bientôt le repentir succède à ce courroux ;
Implorant son pardon, elle tombe à genoux
Croyant presque rêver et son regard avide
Cherche encor son beau Christ, mais la place est bien vide.
Son esprit pleinement, recouvrant sa raison,
Elle se lève alors et parcourt la maison
Pour trouver son trésor; la croix resplendissante
A disparu soudain et la veuve tremblante,
Deux fois abandonnée, au doux consolateur,
Ne pourra plus montrer la peine de son cœur.
Ses yeux ne verront plus ce Labarum d'ivoire
Qui lui disait toujours d'espérer et de croire.

A bien longtemps de là le prodigue lassé
Vers des goûts plus sereins se trouvait ramené.
Pour charmer ses loisirs, pour occuper sa vie,
Il aime à s'entourer des œuvres de génie ;
Son musée est orné des marbres les plus beaux,
La sculpture y sourit aux plus riches tableaux.

D'un brocanteur un soir contemplant la vitrine
Parmi des œuvres d'art un objet le fascine;
Une sculpture blanche, un Christ merveilleux
Qui, sur lui, tendrement, semble attacher les yeux.
Sa bouche est entrouverte et sa tête inclinée
Paraît porter le poids d'une triste pensée.
Le jeune homme est saisi par un charme puissant,
Il ne peut détacher, de ce regard aimant,
Son regard attentif. Il cherche en sa mémoire,
Où peut-il avoir vu ce crucifix d'ivoire?
Est-ce une illusion? mais, sous ces traits divins
Il croit voir un ami de ses jours enfantins;
Et cette expression d'ineffable tristesse
Fait jaillir, de son âme, un reste de tendresse.
Sous sa paupière humide il sent perler des pleurs;
Il veut entrer, il n'ose; et, fuyant ses terreurs,
Auprès de ses amis croit pouvoir se distraire.
Mais il essaie en vain, un ennui salutaire
Le poursuit en tous lieux; il rentre en son logis
Où, malgré le sommeil ses yeux appesantis
Pensent revoir encor cette tête souffrante
Et, sur l'auguste front, la couronne sanglante.
Aussi, dès le matin, il ne résiste plus,
Et, voulant posséder l'image de Jésus,
Il se lève aussitôt et court à la vitrine;
Le Christ est toujours là! de sa bouche divine
Semblent sortir ces mots : « Mon fils, je t'attendais! »
Le jeune homme, cédant aux célestes attraits,
Demande au possesseur de la croix précieuse
Quel ciseau put créer cette œuvre merveilleuse.
« Je la tiens de deux juifs, sorte d'aventuriers,
« Mais elle m'a coûté plus de trente deniers,
« Répond le brocanteur; c'est une pauvre folle
« Qui la leur concéda, si j'en crois leur parole,
« Depuis lors, chaque jour, quelque nouveau client
« Entre pour admirer le superbe talent.

« Qui fit, de cet objet, une œuvre magistrale;

« Et bien loin que mon prix à sa valeur s'égale,

« Chacun contemple et sort sans vouloir l'acquérir.

« Mais dans mon autre vente il m'aide à réussir.

« Vous voyez, ce beau Christ est devenu mes armes;

« Comme eux, sans l'acheter vous, contemplez ses char-

[mes. »

—« Je l'achète, au contraire. » Et comptant son argent

Le jeune homme enchanté se sauve en contemplant,

D'un regard attendri, sa superbe conquête.

Dans son riche musée, il va se mettre en quête

De trouver une place où puissent ressortir

Ces modelés, si purs, qu'ils vont faire pâlir

Les autres ornements décorant la muraille.

Mais, ô fatalité! sa bizarre trouvaille

Ne montre, en aucun lieu, son fini ravissant;

Ici, c'est le soleil qui tombe trop brillant;

Là, se répand trop d'ombre. En désespoir de cause,

Avec un peu d'humeur, sur un meuble il la pose,

Il cherche à s'éloigner de son riche trésor,

Et toujours se reprend à l'admirer encor.

Si tu pouvais parler, bouche mystérieuse,

Et répondre d'un mot à son âme anxieuse!

Oui, Jésus va parler et tenir, au pécheur

Un langage sacré, le langage du cœur.

Pour rendre à son beau Christ une teinte sans tache,

De la croix le jeune homme un instant le détache.

En touchant le pied gauche il a soudain pâli :

Là des mots sont tracés; il se baisse, puis lit :

« Ce saint legs de mon père est transmis à Monique

« Ce jour même où naquit Léon son fils unique. »

Son grand père! sa Mère! Il se lève éperdu!

Quoi, ce Christ est celui qui, naguère, a reçu

Ses doux baisers d'enfant, sa prière innocente!

Le mot : « Pardon! » remonte à sa lèvre tremblante.

Si Jésus a parlé le pécheur a compris;

Son front si fier s'incline et, de son cœur soumis,
S'échappe un long sanglot; ses abondantes larmes,
De l'ivoire poli font resplendir les charmes.
Quand il se releva le Christ du souvenir
Avait reçu l'aveu de l'humble repentir.

En son triste logis la veuve solitaire
Mesurait tous ses jours par sa douleur amère
Et, conservant à peine une lueur d'espoir,
Près de la place vide, elle priait un soir.
Tout-à-coup le marteau retentit sur la porte.
A cette heure, qui peut déranger de la sorte?
C'est un enfant du peuple, il dépose un paquet
De la part d'un jeune homme et, soudain disparaît.
La veuve a tressailli; tremblante, elle se baisse
Et tombe foudroyée en entr'ouvrant la caisse;
Son beau Christ était là!.. « Mon fils! mon pauvre en-
                                                [fant! »
— « Oui, ma mère c'est lui, lui seul qui te le rend;
« Il a pris en pitié les pleurs de ta vieillesse·
« Et je suis devenu l'objet de ta tendresse.
« Remercions-le, Mère; à lui tout notre amour,
« Lui qui m'a ramené dans tes bras en ce jour! »

AUX PIEDS DE NOTRE DAME DU SACRÉ-CŒUR.

L'AME.

« Qu'il vous rend ravissante, ô divine Marie,
Ce titre qui vous fait Reine du Sacré-Cœur!
Les fonctions d'amour qu'à vos mains il confie
Viennent ouvrir, pour nous, une ère de bonheur
Jusqu'alors inconnu, nouveau hier encore.
Ce doux nom a volé du couchant à l'aurore.

Exhalant en tous lieux, son suave parfum.
Ah! quel est donc celui qui lui donna des aîles
Et le fit messager de vos grâces nouvelles
      O Vierge d'Issoudun? »

MARIE.

—« Celui qui, le premier, dans cet auguste temple,
M'honora de ce nom, si cher à mes enfants,
C'est l'éminent Prélat que votre amour contemple
Sur ce siége illustré par ses nobles talents.
Des prêtres, des chrétiens écoutant la prière,
L'ange de Bourge ému, décernait à sa Mère,
Par son pouvoir sacré, ce titre glorieux.
Mais moi je le choisis pour être mon apôtre;
Et par ses soins pieux, mon nom d'un pôle à l'autre,
Est le trait d'union de la terre et des cieux. »

L'AME.

—« Mère, sur votre front, je vois une couronne
Où l'or, le diamant scintillent tour-à-tour;
Au front de votre Fils un même don rayonne
Auprès de ses reflets pâlit l'éclat du jour.
Diadêmes tressés par la reconnaissance.
Enrichis par l'amour des enfants de la France,
Par l'immortel Pie IX, en un grand jour, bénits.
Quelle fut donc la main, ô Reine bien aimée,
A qui l'on réserva, dans l'enceinte sacrée
L'insigne et doux honneur d'orner vos fronts chéris? »

MARIE.

—« De l'église de Bourge, ah! ce fut encor l'ange;
Ma tête se courba sous sa pieuse main;
Pour que mon Fils reçut son tribut de louange,
J'inclinai, jusqu'à lui, son front pur et divin.
Il l'a couronné Roi comme il me nomma Reine :
J'ouvrirai les trésors où ma main souveraine

Puisera pour tresser, au séjour des élus,
L'immortelle couronne aux fleurs immaculées;
Et je le veux combler et d'honneur et d'années
Comme il est couronné de grâce et de vertus. »

L'AME.

—« Et ce beau sanctuaire où les riches sculptures
Montrent, sous mille aspects, l'argent, le marbre et l'or,
Où, des flambeaux sacrés, les lumières si pures,
A l'âme, vers le Ciel, font prendre son essor;
Qui donc, s'agenouillant le premier sur ses dalles,
Leva, pour la bénir, ses mains sacerdotales,
En prit possession, au nom de Dieu, pour Vous?
Qui donc, en s'inspirant de l'esprit de l'Eglise,
Confiant, plein d'amour, en vos mains, a remise
La garde de ce Dieu dont le cœur est à nous? »

MARIE.

—« C'est lui, l'Ange de Bourge; il voulut que sa Mère,
Dont le culte s'accroît, par ses soins, chaque jour,
A ses nombreux enfants, offrit un sanctuaire
Digne de ses grandeurs, digne de son amour.
De mes chers serviteurs, encourageant le zèle,
Sous ses yeux s'éleva cette belle chapelle
Où nul ne vient jamais me supplier en vain.
Et ce temple nouveau peut, dans sa vaste enceinte,
Contenir aisément, de ma famille sainte,
En des jours solennels, l'humble et pieux essaim. »

L'AME.

—« Mais Bourge seul, ma Mère, est-il votre domaine?
Notre France, à son tour, se jetant dans vos bras,
Pour reconnaître en vous sa noble souveraine,
Députe, à votre autel, ses soixante prélats.
Là, comme d'un seul cœur, une ardente prière
Monta vers votre Trône, et la Patrie entière

Se consacrait à Vous par tant de vœux unis.
Parlant au nom de tous, en ce jour mémorable,
Quelle voix vous rendit, ô Reine vénérable,
La France de Clovis, Clotilde, Saint Louis ? »

MARIE.

—« De l'Eglise de Bourge, enfant, c'est encor l'Ange.
La France gémissait sous le pied du vainqueur,
Et, déjà, s'avançait sa lugubre phalange
Vers Bourges, Issoudun, les villes de mon cœur.
Mais j'étendis la main : la hideuse cohorte,
De mon domaine saint, n'osa franchir la porte ;
Devant Moi, mon Pontife a vu fuir le Teuton,
Et ce fut de sa main que je reçus la France.
Comme je tiens déjà de sa reconnaissance,
Le diadème d'or qui décore mon front. »

L'AME.

—« Mais sur votre poitrine, ô divine Marie,
Qui plaça ce bijou brillant à tous les yeux,
Où la riche améthyste au diamant s'allie
En mêlant son velours à l'éclat de ses feux ?
Ah ! cette croix, sans doute, ornait le diadème
De quelque souverain qui la posa lui-même,
Avec un saint respect, sur votre cœur sacré ?
Dites quel est le nom de ce grand de la terre
Qui, de ce royal don, vous enrichit, ma Mère ?
Présent digne de vous par sa rare beauté. »

MARIE.

—« L'Ange de Bourge encor ; cette croix précieuse,
Sur son sein reposait comme un doux souvenir,
Mais un jour l'arrachant d'une main généreuse.
A sa Mère chérie, il est venu l'offrir.
Son cœur sacerdotal remettait, avec elle,
Son bien-aimé troupeau sous ma sûre tutelle ;

Cette croix doux lien doit m'unir au Pasteur.
Et moi, j'ai conservé ce don d'une âme pure,
Je porte avec amour cette riche parure
Que l'amour filial attacha sur mon cœur. »

L'AME.

—« Pourquoi ces nations venant vous rendre hommage
En ce jour glorieux de la Nativité?
Quel souffle inspirateur de ce pèlerinage
Jusqu'aux lointains pays s'est soudain transporté ?
Qui donc a réuni, de tous points de la terre,
Sous les arceaux sacrés de votre sanctuaire,
Ces peuples si divers et de langue et de mœurs,
Mais retrouvant toujours un langage unanime,
Saint écho de leurs cœurs, lorsque leur voix exprime,
En un sublime chant vos divines grandeurs? »

MARIE.

—« C'est lui! toujours lui ! Oui de Bourges, c'est l'Ange ;
C'est mon Pontife aimé qui, vers mon temple encor,
A dirigé l'élan de la sainte phalange,
Et tous, pour Issoudun, ont repris leur essor.
Par lui, je vois ces cœurs remplis de confiance,
Aussi, je l'ai juré, je veux sauver la France,
Je sauverai l'Eglise et son illustre chef,
Ce chef qui proclama mon âme immaculée,
Qui me fit, d'Issoudun, la Reine bien-aimée
Et confia sa barque à mon époux Joseph ! »

L'AME.

—« Mais je vois votre prêtre ouvrir le Tabernacle,
Quel beau ciboire d'or aux éclatants émaux
Emprisonne à vos pieds, le doux pain du Miracle.
Qui donc put le doter de ces trésors nouveaux?
Ah ! de quel cœur aimant Jésus-Eucharistie
Reçut-il ce présent, ô divine Marie,

Ce don symbolisant les célestes vertus
Qui, sans nul doute, font de l'âme généreuse,
Auteur mystérieux de l'offrande pieuse,
Un Tabernacle aimé de ce même Jésus ? »

MARIE.

— « C'est mon Ange de Bourge ; ah ! nul n'aime la Mère
Sans être plus encor au Fils de son amour !
Sa main, de ce ciboire orna mon sanctuaire
Mais il est, de mon Fils, le ciboire à son tour.
J'ai semé, dans son âme, une vive tendresse
Pour le cœur de Jésus la paix et l'allégresse
Le ravissant trésor de ses adorateurs.
J'en fais, du Sacré-Cœur, l'apôtre infatigable
Mais ce doux Cœur lui voue son amour ineffable
Et déverse sur lui le flot de ses faveurs. »

L'AME.

— Qui donc, à leur départ bénit vos Messagères
Annales aux cinq voix, lyres du Sacré-Cœur,
Qui, chaque mois, s'en vont, hirondelles légères,
Jusqu'aux lointains climats chanter votre grandeur ?
Qui dans la Petite-Œuvre encourage, illumine
Chez ces futurs Xaviers, pépinière divine,
Ces cœurs d'où jaillira bientôt le feu sacré ?
Mère, qui protégea vos gardiens, vos apôtres ?
Lorsque le grand Pie IX les eût reconnus vôtres
Qui devint, de nos Fils, le père bien-aimé ? »

MARIE.

— « C'est mon Pontife. Il dit : « Allez porter sa gloire,
« Annales, purs échos, au-delà de nos mers.
« Enfants chéris, croissez, au jour de la victoire,
« Vous la ferez bénir jusqu'au fond des déserts.
« Missionnaires saints placés sous son égide
« Ah ! multipliez-vous, Marie est votre guide. »

Et je donne à mes fleurs mon suave parfum.
De ces Œuvres je fais, pour arroser le monde,
Un fleuve dont la source admirable et féconde
S'échappe à flots pressés de l'autel d'Issoudun. »

ET SON SÉPULCRE SERA GLORIEUX.

La puissance de l'homme est bornée à sa vie.
On a vu le guerrier ou l'homme de génie
Vaincre, dicter des lois, dominer les mortels,
Oser porter son nom jusque sur les autels ;
Vous passez : il n'est plus ! Regardez dans la tombe
C'est là que son orgueil ou sa gloire succombe ;
Sur lui s'étend déjà le voile de l'oubli
Projets, rêves, succès, tout s'est évanoui !
Mais au tombeau du Christ, voyez quelle victoire !
L'opprobre de la croix s'est transformée en gloire ;
Et, trahi par Judas, par Pierre renié,
Abandonné de tous le Dieu crucifié,
Du haut de son gibet, sait commander au monde.
Il meurt : son sang divin est la sève féconde
Qui va donner la vie à ses augustes lois
Sous lesquelles plieront les peuples et les rois.
A ceux qui l'ont suivi s'étend cette merveille,
Leur sépulcre reflète une gloire pareille ;
Et, même jusqu'à Rome, on voit les Empereurs
Devenir les portiers des tombeaux des pêcheurs.
De ces hommes obscurs, le nom petit, naguère,
Efface maintenant les grands noms de la terre.
Que dis-je ? De la croix le symbole maudit
Est devenu, pour tous, l'objet le plus chéri.

Sur le front du Monarque, ornant son diadême,
Sur le cœur de l'enfant qui l'embrasse et qui l'aime,
Sur le mont, dans la plaine, à l'angle du chemin,
Partout nous retrouvons cet emblême divin.
Sur les flots, le marin, pour conjurer l'orage,
Attache, à son vaisseau, la chère et sainte image ;
Et, dans le sanctuaire, humblement prosterné
Le lévite est, par elle, au Seigneur consacré.
Doux jalon indiquant la Table Eucharistique,
Saint drapeau protégeant une place publique,
Talisman vénéré porté sur nos maisons,
Limite respectée au bord de nos sillons,
La croix brille partout ; sa splendeur étincelle
Et l'éclat du soleil n'est qu'ombre devant elle.
Que le Gentil se lève et réponde à ma voix !
Qui donc a pu laver la honte de la croix ?
Comment cet instrument objet d'horreur, naguère,
Attire-t-il à lui tout l'amour de la terre ?
Qui donc voudrait chez soi les outils du bourreau :
Gibet, ongles de fer, tenailles et marteau ?
On sent, à leur aspect, le dégout, l'épouvante.
Mais dans la croix du Christ quelle gloire éclatante !
Ah ! bien loin de la fuir, nous l'aimons, l'invoquons
Avec un saint respect, nous traçons, sur nos fronts,
Son signe vénéré, prosternés devant elle ;
Et l'on s'estime heureux d'avoir une parcelle
Du bois que le Sauveur consacra par sa mort.
Et, quand on la possède, on l'enchâsse dans l'or,
On attache à son cou cette sainte parure.
Ah ! ces faits étonnants, dominant la nature,
Nous disent que le Christ est le maître des cieux.
Et sa mort a rendu son tombeau glorieux.

NOTRE-DAME DE FRANCE.

Reine du Ciel, aux pieds de ton image,
Vois tes enfants humblement prosternés
Te conjurant de dissiper l'orage
Et de calmer tous les flots agités.
Ah ! de nos cœurs, remplis de confiance,
Deux cris d'amour montent vers ton autel
Entends nos vœux pour Rome et pour la France,
      Reine du Ciel.

Lève ton bras, ô très-puissante Mère,
Sauve Pie IX, confonds ses oppresseurs,
Sauve l'Eglise et rends à notre Père
Des jours de paix les célestes douceurs
Astre des mers, guide notre patrie,
Sur l'Océan qui roule, avec fracas,
Ses sombres flots ; pour calmer leur furie
      Lève ton bras.

Elle est à toi ; tu la vois mutilée,
Partout s'exhale une vapeur de mort,
Sans ton secours, patronne bien-aimée,
Elle succombe et quel sera son sort.
Des passions, partout, le vent funeste
Souffle ébranlant et son antique Foi
Et sa vertu ; mais un espoir lui reste :
      Elle est à toi.

Ton cœur sacré compâtit aux alarmes
Qui déchirent le cœur de tes enfants ;
Ta douce main viendra sécher nos larmes ;
Tu souriras à nos vœux confiants.
Vierge chérie, ah ! montre ta puissance :
Peuple chrétien par toi régénéré
Nous bénirons, Notre-Dame de France,
      Ton cœur sacré.

LA MAISON DU SACRÉ-CŒUR.

Que j'aime à contempler cette chère maison
Toute blanche au milieu d'un tapis de verdure,
Les fleurs naissent pour elle en la belle saison,
Les arbres du grand bois lui prêtent leur parure ;
Et les petits oiseaux, accourus des déserts,
Semblent la célébrer dans leurs joyeux concerts
Comme aussi le ruisseau par son humble murmure.

Du calice des fleurs, un suave parfum
S'exhale et fuit bien loin de notre pauvre terre ;
Mais d'un encens plus pur la maison d'Issoudun
Sait parfumer le Ciel, car, dans son sanctuaire,
Il est aussi des fleurs à la riche couleur,
Enfants bénis de Dieu, trésor du Sacré-Cœur,
L'espérance et l'amour du divin ministère.

Sous l'ombre du grand bois, le chant mélodieux
Du savant rossignol, de la douce fauvette
Retentit s'élevant vers la voûte des cieux,
Des vœux de la nature éloquent interprète.
Et, dans un nid bien chaud, des êtres délicats
Espoir du chantre ailé, prenant leurs doux ébats
Ecoutent ses accents et leur voix les répète.

Le saint asile aussi cache ses chers oiseaux ;
Oiseaux du Paradis dont le chant tout céleste
Un jour retentira sous des climats nouveaux
Réveillant le pécheur de son sommeil funeste.
Dans ce tranquille nid nous les voyons grandir,
Sur l'aile de la Foi nous les verrons partir.
En bénissant le Dieu dont la bonté nous reste.

Ils sont au doux printemps de leur apostolat
Comme la fleur qui croît, comme l'oiseau qui chante ;
Leur suave jeunesse étale, ici, l'éclat
Et la brûlante ardeur de leur âme innocente.
Après ils s'en iront, messagers du bon Dieu
Prêchant le Sacré-Cœur en tout temps et en tout lieu
Chantant sa Souveraine et sa bonté touchante.

LE MOIS DE SAINT JOSEPH.

Petits oiseaux, dans vos concerts,
De saint Joseph chantez la gloire.
Faites-vous au bois, aux déserts
Le doux écho de sa victoire.
Cet ami de l'Auguste Cour,
Sur nous, va régner par l'amour
En ce mois cher à sa mémoire.

Fleurs, que le souffle du printemps
Sous peu de jours va faire éclore,
Revêtez vos tons éclatants
Montrez-vous plus belles encore ;
C'est pour orner le saint autel
Du Nourricier de l'Eternel
Que le tiède rayon vous dore.

La nature, dans le sommeil,
Hier encor semblait plongée ;
Mais, pour hâter son doux réveil,
Retentit une hymne sacrée ;
Ses purs accords disent un nom
Qui fait incliner chaque front
Sur les monts et dans la vallée.

Ce nom béni, pour notre cœur
Sainte et suave mélodie,
C'est le nom rempli de douceur
Du céleste époux de Marie.
Accourons donc à ses autels ;
Que nos accents, faibles mortels,
Montent vers lui dans la Patrie.

Pour nous, il ouvre le trésor
Dont Dieu le fit dépositaire,
La grâce va couler encor
A flots pressés sur notre terre ;
Ah ! ne craignons aucun refus
Car le doux Père de Jésus,
Chrétiens, est aussi notre Père.

Son cœur saura guérir nos maux,
Sa main pansera nos blessures
Elle bénira nos travaux,
Nous préservera des souillures.
Joseph est le Dispensateur
Des biens infinis du Seigneur
Pour les pécheurs, les âmes pures.

Oui, tous invoquons le Patron
De l'Eglise et de notre France,
Il nous obtiendra le pardon
Du Dieu clément dont la puissance
A Lui se soumît ici-bas ;
Pourrait-il ne l'écouter pas ?
Ah ! prions avec confiance.

Et nous, enfants du Sacré-Cœur,
A l'ami que le ciel nous donne
Recourons tous avec ferveur
Pour que, jamais, il n'abandonne
Cette Œuvre qu'il daigna bénir ;

Sous ses yeux puissions-nous grandir
Pour lui tresser une couronne.

Nous sommes ses enfants chéris
Les premiers-nés de sa tendresse,
De son Mois, que les jours bénis
Coulent, pour nous, dans l'allégresse ;
A son autel portons nos vœux :
Il sourira, du haut des cieux,
A notre pure et sainte ivresse.

ADRESSE A PIE IX.

Notre siècle a vu sourdre un fleuve magnifique
Jaillissant de partout et non d'un point unique,
Il parcourt, en vainqueur, l'univers étonné
Déployant, en tous lieux, sa splendide beauté.
De millions d'affluents s'alimentant sans cesse,
Il roule ses flots d'or tout riches de promesse
Pour se jeter, joyeux, dans une vaste mer
Océan calme et doux qui n'offre rien d'amer.
Ce fleuve prend sa source au plus profond des âmes,
Il a pour nom : l'Amour, et ses flots sont des flammes
Roulant avec ardeur vers l'Océan sacré
Vers le cœur du saint Roi, Pontife vénéré,
Pour s'abîmer, se fondre en élans d'allégresse
Dans cette mer de paix, de bonté, de tendresse.
Et nous, petit ruisseau, d'un flot limpide et pur,
Nous sera-t-il permis d'oser mêler l'azur
De nos timides eaux à cette onde brillante ?
Oh ! dans ces grandes voix si notre voix tremblante
Trouve à se faire jour et parvient jusqu'à Toi,
Daigne, ô très-saint Pontife, agréer notre Foi.

L'infaillibilité du successeur de Pierre
Brille, à nos yeux ravis, d'une vive lumière.
Tu possèdes nos cœurs, règne sur notre esprit
Oui, nous croyons en Toi, doux vicaire du Christ.
Nous sommes ignorants, mais le saint Evangile,
N'est-il pas, aux petits, un livre bien facile.
Ou tu n'es pas faillible, ou Jésus a menti
Quand, sûr de ton amour, devant tous, Il te dit
Que sur Toi, Pierre, Il veut établir son Eglise
Et que l'Enfer n'aura, jamais, aucune prise
Sur ce roc cimenté pour une Eternité.
Ah ! pour douter de Toi, l'on a donc oublié
Du Dieu ressuscité la prière céleste,
Pour Toi seul il demande à ce que la foi reste
Sans défaillance et comme un phare lumineux
Montrant, au monde entier le sûr chemin des cieux.
A qui s'adresse encor la parole sublime
Que le livre divin mit sous nos yeux : « Confirme
Tes frères dans la Foi. » C'est à Pierre, à Toi seul
Et non, à des esprits qu'égare un sot orgueil
Et dont nombre d'entre eux, surtout dans notre France,
Sucent l'erreur avec une fausse science.
Comment se peut-il faire, hélas ! que le savoir,
Loin de les éclairer, les empêche de voir ?
Mais si ce triste vent courbe l'arbre superbe
Du moins il n'atteint pas l'humble petit brin d'herbe ;
Dans la création, placé tout au plus bas,
Le soleil le réchauffe et ne l'aveugle pas.
Aussi la vérité nous apparaît bien pure ;
Dans notre volonté point de retraite obscure.
Aussi, nous avons foi dans ton pouvoir divin.
Nous savons que Toi seul, ô céleste gardien,
Dois diriger nos pas dans les vrais pâturages.
Aux vœux de l'univers, unissant nos hommages,
Sous ton sceptre béni nous venons nous ranger
Car Toi, verbe du Christ, tu ne peux te tromper

Ni tromper les brebis remises à ta garde.
O Père, exauce-nous ; que ta bonté regarde
Ces enfants prosternés, au Pasteur des Pasteurs,
Demandant de donner la paix à tous les cœurs.
Confirme notre Foi, doux Pontife suprême ;
Oui, nous croyons en Toi, mais prononce Toi-même.
Ce mot venu d'En-haut, souffle du Saint-Esprit,
Parle, toi dont la Foi n'a jamais défailli.
Alors du monde entier l'unanime allégresse
Te redira soudain l'ineffable tendresse
Et l'Enfer terrassé refermera d'effroi
Ces portes qui jamais ne prévaudront sur Toi.
Et ses lâches suppôts qui, de leur main débile
Prétendaient ébranler et le roc immobile
De l'Eglise, et, surtout, son divin Fondement
Reconnaîtront alors leur effort impuissant.
Ils verront que ce roc battu par la tempête,
Bien au-dessus des flots, élève encor la tête ;
Les vagues le polissent, le rendent plus beau
Sans en pouvoir rougir le plus léger morceau.
Et ces anges déchus, dont trop de confiance
En leurs propres pensers, fausse l'intelligence,
Rentreront au bercail quand Pierre aura parlé,
Effaçant leur orgueil par leur humilité.
Et, dans notre hameau des confins des Ardennes
De quelle immense paix nos âmes seront pleines !
Nourris dans ton amour, ô Pontife romain,
Nous voulons, confiants, reposer sur ton sein.
Nous croyons en Jésus vivant en ta personne,
Sur ton noble front, ceint d'une triple couronne,
Nous voyons rayonner la Majesté de Dieu
Et, par Toi, le Seigneur est présent dans ce lieu.
Oui, nous crions amour au Pontife infaillible
Au Vicaire du Christ, au conquérant paisible
Dont l'Enseigne est la Croix, le glaive : la bonté ;
Qu'il range sous son sceptre et notre volonté,

Et nos cœurs, et nos biens, et même notre vie ;
Qu'il étende, sur nous, la puissance infinie
De cette auguste main qui ne sait que bénir,
Sur nous, qui ne savons, hélas ! que le chérir.

SURSUM CORDA.

Chrétiens, le cœur en haut ! laissons là, de la terre,
Les soucis, les chagrins et la triste misère ;
Laissons, laissons ces biens causes de nos douleurs,
Tournons, vers le Ciel seul, notre seule espérance :
Si notre œil, ici-bas, ne voit que la souffrance
Dans le divin séjour il n'est plus que douceurs.

Savant, pourquoi poursuivre une ombre, une fumée ?
Ce rien qui vous séduit : l'éclat, la renommée
De quel poids sera-t-il à l'heure du cercueil ?
Dans un rude labeur vous consumez votre âme ;
Savant, le cœur en haut ! pour ranimer sa flamme,
Ou votre barque ira sombrer sur un écueil !

Mondain, qui ne songez qu'à vos fêtes impies,
Qu'avez-vous retiré de ces folles orgies ?
La honte, le remords, tristes fruits du plaisir !
Voulez-vous retrouver une paix sans mélange,
Mondain, le cœur en haut ! laissez là votre fange
Pour l'immense bonheur promis au repentir.

Riches, qui possédez les faux biens de ce monde,
Quoi ! sur cet or si vil tout votre espoir se fonde !
Ne sentez-vous donc pas comme il fait froid au cœur ?
Pour que, dans son beau Ciel, Dieu vous accueille encore,

A l'humble mendiant qui prie et vous implore,
Riches, le cœur en haut, donnez pour le Seigneur.

Pauvres, qui gémissez sous le poids de l'épreuve,
Si, de ses fiers dédains, le monde vous abreuve
Lorsque vous supportez tout le fardeau du jour,
Séchez, séchez vos pleurs ; regardez la Patrie ;
Pauvres, le cœur en haut ! car, au soir de la vie,
Le bonheur vous attend dans l'éternel séjour.

TROIS FLEURS DE LA TERRE ET TROIS FLEURS DU CIEL.

En parcourant un jardin de la terre,
Je vis trois fleurs d'une rare beauté ;
Un lys d'abord levait sa tête altière
Et dominait tout de sa majesté.
En m'approchant je lui dis : « Fleur jolie,
« Qu'as-tu qui puisse être utile aux humains ? » —
— « Mes feuilles ont un principe de vie
« Et sont un baume aux effets souverains. »

Sous le gazon l'aimable violette,
Par son parfum, attira mon regard.
« Modeste fleur, pour toi, je le regrette,
« Dans ce concert tu n'as aucune part. » —
— « Détrompez-vous de cette erreur, dit-elle,
« Car ma vertu possède le pouvoir
« D'adoucir même une douleur mortelle
« Et d'éclairer du rayon de l'espoir. »

Un peu plus loin la rose éblouissante
Etale, au jour, ses splendides couleurs ;

Comme une Reine elle attend, rayonnante,
De ses sujets les hommages flatteurs.
Interrogée elle répond encore
Que ses parfums changés en pur encens
Aux pieds du Dieu que notre bouche implore
Vont se mêler à nos humbles accents.

Mon cœur, alors, dans la sainte Patrie,
Par la prière, un instant transporté,
Vit une fleur d'une gloire infinie
Et qui, du lys, avait la majesté.
« Je suis la Foi, me dit la fleur céleste,
« Baume de force à l'âme du chrétien
« Qui vit de moi doit mépriser le reste ;
« Et jusqu'au port je deviens son soutien. »

Une autre fleur à la douce nuance
A mon regard, aussitôt, vient s'offrir.
« Vous le voyez, mon nom est l'Espérance
« Qui me possède a cessé de souffrir.
« Au malheureux qui chancelle et qui pleure
« Je dis, tout bas, un mot mystérieux ;
« Il me comprend ; le mal fuit sa demeure
« Et, dans son cœur, rentre la paix des cieux.

J'allais partir quand un parfum suave
Se répandit enivrant tous mes sens,
Et j'entendis s'élever, doux et grave,
Le grand concert des célestes accents :
La Charité, cette fleur immortelle,
Belle d'amour paraissait devant moi.
« Seule, avec Dieu, je resterai, dit-elle,
« Quand s'éteindront l'Espérance et la Foi. »

PÈLERINAGE DE NOTRE-DAME DU SACRÉ-CŒUR.

De son lit de douleur, où, sanglante et meurtrie,
On la voyait toucher à son dernier soupir,
La France se soulève et, courant à Marie,
Va porter à ses pieds ses vœux, son repentir.
Choisissant chaque jour un nouveau sanctuaire,
En son nom, ses enfants implorent le secours
De celle qui partout, se montra notre Mère
Et, de la France, fut la Patronne toujours.

L'écho de la Salette a redit le murmure
De ces milliers de voix s'élevant jusqu'aux cieux ;
A Lourdes le rocher qui vit la Vierge pure
D'un flot de pèlerins compta les chants pieux.
Puis Chartres les reçut ; et sa Madone antique
Qui, tant de fois aussi, compâtit à nos maux,
Entendit retentir sous sa voûte gothique
Des nombreux visiteurs les cantiques nouveaux.

Sur vos murs déployez vos plus riches guirlandes,
Recouvrez-vous de fleurs, Paray-le-Monial,
Comptez les cris d'amour et les pures demandes
Que dirige, vers vous, l'élan national.
Et vous, Cœur de Jésus, tressaillez d'allégresse,
La France se prosterne à votre autel sacré ;
Ah ! bientôt, vous pourrez tenir votre promesse
Car votre peuple enfin, à vous s'est consacré.

Mais la Puissante Vierge a sa chère chapelle
Vénéré sanctuaire où pleuvent les bienfaits ;
D'où l'âme qui gémit sort guérie et plus belle,
Où le cœur confiant voit ses vœux satisfaits.
Son Nom, connu de tous, adoucit la souffrance
Et de ce lieu Marie a proscrit la douleur ;

A qui n'espère plus elle rend l'Espérance ;
Chrétiens, vous la nommez Dame du Sacré-Cœur.

Oui, c'est Elle, aujourd'hui, dont la voix vous invite ;
Venez, Fils de la France, au pied de son autel.
Venez remplis d'espoir, que votre Foi mérite
D'attirer, sur nos maux, son regard maternel.
Du Nord jusqu'au Midi, du Couchant à l'Aurore.
Pour dire ses bontés, il n'est plus qu'une voix ;
A ce canal sacré venez puiser encore :
Jamais il ne tarit, sa source est à la Croix.

Sur le divin Jésus, Elle est toute Puissante,
Celle que nous nommons la Reine de son Cœur ;
Quand, pour nous, Elle élève une voix suppliante
Pourrait-il refuser la céleste faveur.
Ah ! si chacun la dit, en tous lieux de la terre,
La Vierge que jamais nous n'invoquons en vain
Comme Elle justifie en son doux sanctuaire
Les mots consolateurs de cet oracle saint !

Venez tomber aux pieds de votre Souveraine
O vous, de sa chère Œuvre, heureux associés,
Accourez-y nombreux, que votre zèle entraîne
Les enfants de la France à ces lieux vénérés.
Ah ! plus le mal est grand, la cause difficile,
Plus nous multiplierons nos prières, nos vœux
Car c'est pour les grands maux qu'on créa cet asile
Trait d'union de plus de la Terre et des Cieux.

A Marie apportez votre sainte bannière.
Que chaque province ait son pieux étendard.
Ces blancs drapeaux diront que notre France entière
Vers la Vierge bénie a tourné son regard.
Et bientôt finira l'épouvantable crise ;
Marie, à tant de vœux, inclinera son cœur ;
L'honneur de la Patrie et la paix de l'Eglise
Viendront inaugurer une ère de bonheur.

. L'ANGE GARDIEN.

J'aime cet ange aux blanches ailes
Que nous nommons ange gardien ;
Quittant les sphères éternelles
Il se fait notre doux soutien.

Dans nos maux sa voix nous console
En nous montrant le vrai bonheur :
Dans la paix, sa sainte parole
Se fait entendre à notre cœur.

Suivons-nous la route cruelle
Qu'indique un monde séducteur.
Couvrant sa tête de son aile ;
Triste il s'enfuit près du Seigneur.

Bel ange, oh ! va, dans la nature,
Sans Toi je ne trouve aucun bien :
Mais à ton tour, je t'en conjure,
Aime-moi bien ! aime-moi bien !

UNE VISION DE SAINT WALFROY.

Déjà transfiguré par l'humble Pénitence,
Plein des riches vertus que le Ciel récompense.
Mûr pour le Paradis, l'apôtre Saint Walfroy
Au terme de sa vie arrivait sans effroi.
Son âme, un jour, plongée en une paix profonde,
Méditait s'élevant loin des bruits de ce monde ;

Quand soudain il se voit, partout, environné
Par une éblouissante et céleste clarté.
Si ravissante était cette pure lumière
Qu'elle faisait pâlir tous les feux de la terre.
L'auréole s'entr'ouvre et ses jets lumineux
Laissent apercevoir le front d'un bienheureux.
La vision grandit : un homme remarquable
Par sa rare beauté, sa figure admirable,
Dont on n'a nulle idée au terrestre séjour,
Attache, sur Walfroy, son regard plein d'amour.
Son ondoyante barbe étend sur sa poitrine
Ses longs anneaux d'argent ; une grâce divine
Resplendit sur ses traits. Il a le vêtement
Que tout ascète, alors, portait en Orient.
Mais la bure grossière, en ce moment, scintille
Comme le diamant, ou la plante qui brille,
Humide de rosée au rayon matinal.
Le Saint dit à Walfroy : « Ne crains rien, mon égal.
« C'est moi qui, dans l'Egypte inaugurai naguère,
« Loin du siècle et du bruit cette vie solitaire
« Que tu sus pratiquer avec tant de ferveur.
« Comme toi j'ai jeûné, contemplé, du Seigneur,
« Dans l'extase et l'amour, la splendeur infinie.
« Habitant aujourd'hui, de la Sainte Patrie
« Je viens pour t'appeler à la gloire du Ciel :
« Et voici, du Seigneur, le décret éternel :
« Quand ton âme, quittant la région des larmes,
« De la sainte Cité contemplera les charmes,
« Ce lieu, par ton martyre à jamais consacré,
« Sera, pour les mortels, un endroit vénéré.
« Ils y viendront en foule invoquer ta puissance ;
« Obtiendront le remède à leur dure souffrance.
« Le malade, par toi, retournera guéri ;
« Courbé sur ton tombeau le pécheur endurci,
« En priant pour son corps retrouvera son âme :
« Le tiède sentira se ranimer sa flamme ;

« Et, sur le mont sacré, la grâce, en traits de feux,
« Descendra sur l'appel de ton nom glorieux.
« Les peuples à l'envi, béniront ta mémoire
« Et, de ton long martyre, ils rediront l'histoire.
« Mais un jour cependant l'infernal ennemi
« Viendra semant l'ivraie en ce séjour béni,
« La désolation fond sur le sanctuaire,
« Le temple est sans ministre et l'autel du Mystère
« Né redit plus les chants, ni les vœux que l'amour
« Faisait monter naguère au céleste séjour.
« Le saint mont, exploité par des mains sacrilèges,
« Paraît avoir perdu ses divins privilèges.
« Ses sentiers sont déserts et les cœurs confiants
« N'osent plus y porter leurs accents suppliants.
« Mais, de toi, va sortir une vertu nouvelle
« Et l'on verra jaillir une gloire plus belle,
« Comme l'astre des nuits un moment éclipsé
« Déchire le nuage et montre sa clarté.
« Je vois, de Jésus-Christ, un Pontife sublime
« Homme à la plume d'or, à l'âme magnanime
« De l'Eglise intrépide et noble défenseur
« Prêchant la loi divine et foudroyant l'erreur,
« Je le vois réparer les mépris et l'insulte
« Je le vois t'invoquer et rétablir ton culte
« Il place à ton autel un prêtre dévoué
« Et bientôt se déroule aux flancs du mont sacré
« Ce long cordon vivant de pèlerins fidèles
« Bien souvent, des chrétiens, les maîtres, les modèles.

« Mais regarde plutôt ; voici que j'ai choisi
« De mon nom, mes vertus, un héritier béni.
« Ascète comme nous, l'étude, le silence
« Auront formé ses jours ; et, de la pénitence,
« Il saura savourer les sévères douceurs,
« Du Ciel, ambitionnant les divines faveurs.
« Membre considéré d'une grande famille

« Que Dieu veut faire éclore et dont l'astre scintille
« Annonçant aux humains l'aurore de ces jours
« Où leurs maux recevront, en tous lieux, le secours.
« Après avoir formé selon son cœur de père
« Les ministres voués aux soins du sanctuaire,
« On le verra venir ici, nouvel Esdras,
« L'Evangile à la main, de l'autre le compas,
« Embellir tes autels, relever de ton temple
« Les murs trois fois sacrés ; et, dans un doux ensemble,
« Sous ses voûtes le peuple exaltant ta grandeur
« Redira ton triomphe en des chants de bonheur.
« Et là ce fils béni de ma sollicitude
« Attirera vers lui, dans cette solitude,
« Un Pontife du Christ, son maître, son ami,
« Et de ton culte aussi l'illustre et ferme appui.
« Comme à mon nom, le nom du Saint d'Alexandrie,
« De l'Evêque Athanase est lié dans la vie.
« De ce nouvel Ascète, un jour, le nom aimé
« Uni sera de même au nom si vénéré
« Du grand Prélat de Reims. Et, dès lors, cette terre,
« Que tu foulas aux pieds en ces jours de misère,
« Verra croître l'élan du pieux visiteur
« Et ta main sèchera plus que jamais leurs pleurs. »
Il dit et disparaît. La trace lumineuse
S'efface peu à peu ; son âme bienheureuse
Remontait doucement au céleste séjour
Laissant Walfroy ravi de bonheur et d'amour.

Les siècles à ce siècle ont depuis succédé,
La vision fait place à la réalité.
Sur la montagne sainte un beau temple s'élève,
Des bâtiments sacrés la structure s'achève,
Une blanche colonne au pèlerin apprend
Comment vivait jadis l'auguste Pénitent.
Et le nouvel Antoine y retrace l'image
De la sublime vie éclose dans cet âge

Où le désert voyait fleurir tant de vertus,
Fils de Vincent de Paul, ministre de Jésus
Son cœur, du Sacerdoce a compris la largesse
Il la répand partout en des flots de tendresse.

SAINT JOSEPH AMI DU SACRÉ-CŒUR.

Elle vient de sonner l'heure à jamais bénie
Où votre Saint Epoux voit enfin, ô Marie,
Pour un nouveau triomphe embellir son autel,
Oui, bientôt, Issoudun dans son doux sanctuaire,
Pourra voir, ô Joseph, ton image si chère,
Rayonner parmi nous d'un éclat immortel.

Amis de Saint Joseph, c'est notre fête encore !
Oui, pour nous d'un beau jour je vois briller l'aurore.
Jour où nous redirons ses sublimes grandeurs.
En voyant resplendir tout l'éclat de sa gloire,
L'heureux triomphateur, au char de sa victoire,
Par une chaîne d'or attachera nos cœurs.

Bien souvent aux genoux de la Vierge sacrée,
Nos yeux cherchaient en vain l'image vénérée
De celui qui, trente ans, lui prêta son labeur ;
Car nos cœurs dans l'élan d'une ardente prière,
Au Cœur sacré du Fils, au Saint Cœur de la Mère,
Unissaient de Joseph l'incomparable cœur.

Mais aujourd'hui plus haut notre amour nous entraîne !
Marie à ses enfants commande en Souveraine.
Des célestes rayons de sa pure splendeur,
Elle veut revêtir, dans notre sanctuaire,

Celui qui l'abrita sous son toit sur la terre,
Et le montrer à tous l'Ami du Sacré-Cœur.

Et Jésus ornera d'une gloire nouvelle
Celui qui fut, au temps de sa gloire mortelle,
Son trône, son appui, son soutien ici-bas.
Cœurs sacrés de Jésus, de Joseph, de Marie,
Triple source d'amour qu'on ne peut voir tarie,
Nous vous retrouverons au-delà du trépas.

Paraissez, Saint Joseph ! Le monde vous réclame ;
Des complots de Satan, venez rompre la trame.
Le triomphe est prochain pour l'Eglise et son Chef.
L'heure a sonné ! Sortez de votre vie obscure :
La victoire en vos mains sera facile et sûre.
Auprès du Sacré-Cœur, paraissez, Saint Joseph !

Quand l'ombrageux Hérode immolait à sa rage
Les enfants d'Israël, à cet affreux carnage
Vous avez dérobé pour nous le saint Enfant,
Oh ! venez protéger le successeur de Pierre
Contre la haine aveugle et la fureur altière
Des Hérodes nouveaux dont l'orgueil va croissant.

Paraissez, Saint Joseph ! Le monde vers l'abîme
Se précipite, hélas ! Sera-t-il la victime
Du complot ténébreux ourdi par les enfers ?
Astre resplendissant, sur le monde en souffrance,
Reflétez tout l'éclat d'une sainte espérance,
C'est votre heure, ô Joseph ! Venez briser nos fers.

Et vous, chers Associés, pour cette auguste fête,
Votre amour filial avec bonheur s'apprête ;
Déjà vous déployez votre zèle pieux.
L'Ami du Sacré-Cœur au jour de sa victoire
Se souvenant de vous, sur son trône de gloire,
Saura vous préparer un trône dans les cieux.

A l'Administrateur des célestes domaines
Amenez l'humble pauvre, et pour ses lourdes peines,
Il recevra de Lui les dons du pur amour ;
Amenez-lui l'heureux, le riche de ce monde,
Il obtiendra par Lui la grâce qui féconde
L'usage de ces biens dont il doit compte un jour.

Amenez à Joseph tous les fils de la France ;
Et sous peu nous verrons, de notre délivrance,
Briller enfin le jour ; car le divin Sauveur
Ne veut pas que Celui qu'il appela son Père
Soit en vain proclamé, sur notre pauvre terre,
Le Patron des chrétiens, l'Ami du Sacré-Cœur.

AUX PIEDS DE JÉSUS-EUCHARISTIE

A MON CŒUR.

Eh ! quoi, mon pauvre cœur, serais-tu donc de glace ?
Quel séduisant objet te captive ici-bas ?
De Jésus la bonté, que jamais rien ne lasse,
Te donne tout son Cœur et tu ne l'aimes pas !

Pour ton amour captif en son Eucharistie
Il t'appelle et, bien loin, tu diriges tes pas.
Tu poursuis en aveugle un fantôme de vie
Et Jésus vit pour toi, mais tu n'y penses pas !

Dérobant ses splendeurs le Dieu de la nature,
Sous un morceau de pain, de ses enfants ingrats,
A toute heure, en tous lieux, se fait la nourriture
Du divin aliment, mon cœur, ne veux-tu pas ?

Il est là pour calmer le chagrin, la souffrance ;
Il rend la paix à qui se jette dans ses bras ;
Et dans de faux amis tu mets ton espérance
Quand Jésus seul console ; Ah ! ne le sais-tu pas !

Ce que tu croyais vrai s'efface comme un songe ;
Du mirage trompeur tu vois les faux appas ;
Et tu ne reconnais, ici-bas, que mensonge ;
Ah ! reviens à Jésus ; Lui seul ne trompe pas ! »

— « Cœur sacré de Jésus, mon Trésor et ma vie
A votre enfant prodigue épuisé de combats
Donnez, donnez l'amour de votre Eucharistie
Trop amère est la vie à qui ne l'aime pas !

A mon cœur ulcéré vous offrez un asile ;
Pour le garder captif, tendez vos divins lacs ;
A votre douce voix qu'il soit toujours docile
Et si le monde parle, ah ! qu'il n'y pense pas !

A mes yeux obscurcis, montrez votre lumière,
Trop longtemps j'ai sondé les ombres du trépas.
Je vous donne mon cœur et ma pensée entière ;
Donnez-moi cette paix que je ne voulais pas !

Au pied de votre autel j'irai verser mes larmes,
Fuyant des faux plaisirs les séduisants appas.
Et même, à ma douleur, vous donnerez des charmes
Là sont bien doux les pleurs ; je ne le savais pas.

Avide de bonheur mon âme endolorie
Le cherchait vainement au milieu du fracas,
Je le vois rayonner dans la divine Hostie,
En vous aimant, Jésus, on ne se trompe pas !

A SAINT WALFROY.

O Saint Walfroy, la Foi nous guide
Vers votre calme Thébaïde,
Sous votre aimable et douce égide
    Recevez-nous.

Pauvres voyageurs de la terre
Succombant sous notre misère,
A la source qui désaltère
    Puisez pour nous.

Du sein de la Béatitude
Voyez notre inquiétude ;
D'une honteuse servitude
    Délivrez-nous.

Notre cœur brisé de souffrance
A vos pieds cherche l'espérance,
Nous venons prier pour la France
    Ecoutez-nous.

Au Seigneur notre âme soumise
Gémit sur les maux de l'Eglise,
De Celui qui l'évangélise
    Souvenez-vous.

Du Sauveur l'auguste Vicaire
A longs traits boit la coupe amère,
Au Sacré Cœur, de notre Père
    Parlez pour nous.

Sedan. — Imprimerie de Jules LAROCHE, Grande Rue, N° 22.

www.ingramcontent.com/pod-product-compliance
Lightning Source LLC
LaVergne TN
LVHW022158080426
835511LV00008B/1458